AF314772

EDICT DV ROY.

PORTANT NOVVELLE

fabrication d'especes d'argent : augmentation du Marc d'argent le Roy, & des Quarts d'escu, Testons, & Francs aux coins & armes de sa Maiesté estans de leur iuste poids : & continuation du cours des especes d'argent legeres auec le remede des grains, iusques au dernier Mars prochain ; & outre vn droit de Seigneuriage sur les ouurages d'Orfeurerie, & Tireurs d'or : Auec vne nouuelle eualuation.

Ensemble l'Arrest de verification en la Cour des Monnoyes, du 18. Nouembre 1641. aux exceptions y contenuës.

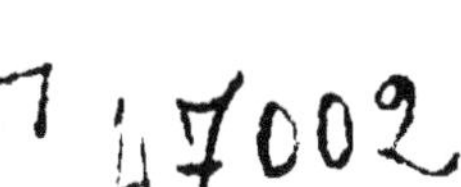

A PARIS,

Chez SEBASTIEN CRAMOISY, Imprimeur ordinaire du Roy, & de la Cour des Monnoyes, ruë S. Iacques, aux Cicognes.

M. DC. XLI.

Auec Priuilege de sa Maiesté.

LOVIS par la grace de Dieu Roy de France & de Nauarre. A tous presens & à venir, Salut. Nos Monnoyes d'or & d'argent, & autres, ausquelles nous auons donné cours en ce Royaume, ayans depuis quelques années receu beaucoup d'alteration, & d'affoiblissement par la malice des faux monnoyeurs & rogneurs : Nous auons estimé que pour couper chemin à ce desordre & empescher qu'il n'arriue à l'aduenir, il falloit regler le prix des Monnoyes courantes à proportion du poids qui s'y trouueroit, & en fabriquer de nouuelles au moulin auec telle beauté & perfection, qu'il ne peust rester aux faux monnoyeurs aucun moyẽ de les contrefaire. Ce que nous auons ordonné par nos Lettres de Declaration du 24. Decembre 1639. & dernier Mars 1640. & fait commencer par le conuertiſſement des monnoyes d'or legeres, dont il a deſia eſté fabriqué pour prés de quarante millions de liures en eſpeces de poids en noſtre Monnoye au Moulin : ce qui a tellement occupé tous les ouuriers capables de cét ouurage, qu'il a eſté impoſſible iuſques à preſent de les employer à la fabrication de celles d'argent. Et voyant qu'à faute d'y auoir pourueu, les particuliers, & le public en ſouffrent beaucoup d'incommodité & de perte par la multiplicité des peſées, & la diuerſité des poids, dont il ſe faut ſeruir dans les payemens qui ſe font en monnoye legere ; & d'ailleurs que le plus grand preiudice que nous & nos Suiets receuons dans les

especes d'argent, procede du tranf-
port qui s'en fait hors le Royaume,
à caufe de la difproportion qui fe ren-
contre entre le prix de l'or & de l'argent, fuiuant l'éualuation qui en a
efté faite par noftre Declaration du
mois de Iuin 1636. laquelle aufli comme beaucoup d'ouuriers à fondre fe-
crettement l'argent monnoyé pour
l'employer en ouurages d'Orfeurerie,
lefquels ils furuendent ; en confe-
quence dequoy il nous arriue encore
vne perte tres confiderable, en ce que
nous ne prenons aucun droit de Seigneuriage fur l'argent ouuré, & que
lefdits Orfeures, & Tireurs d'or ne cô-
tent point des remedes portez par nos
Ordonnances, pour le fin de leurs
ouurages, ainfi que font les Maiftres
de nos Monnoyes, bien qu'il ne foit
point iufte par aucune raifon qu'ils
en profitent, ny de fouffrir que nos
Monnoyes demeurent dépourueuës

de matiere, tandis que les ouurages
d'argenterie se multiplient, & que le
luxe s'augmente, à la ruine de plusieurs familles, n'y ayant rié en quoy il
importe plus de le retrácher qu'en l'a-
bondance desdits ouurages qui se ren-
dent auiourd'huy communs dans les
maisons des moindres particuliers.
Et dautant que la fabrication des especes d'argent appellées Francs, qui
ne sont qu'au titre de dix deniers de
fin a esté cy-deuant interdite, & que
celle des demy Francs & quarts de
Francs n'a eu cours que par tolerance,
nostre intention ayant tousiours esté
que nostre monnoye d'argent fust
battuë en especes au titre de Quarts
& demy Quarts d'escu, qui est plus
haut que celuy desdits Francs : & que
nous sommes bien informez que la
pluspart des ouuriers de nos Monnoyes ayans quitté la fabrication desdits Quarts d'escu pour s'employer

à celles des demy Francs à cause du gain qu'ils y font , nostre Royaume se trouue à present remply d'especes de bas titre ou legeres ; Nous auons estimé qu'il estoit de la grandeur & dignité de cette Couronne , apres auoir donné vn si bon commencement au restablissement de nos Monnoyes , de les mettre toutes au titre des Quarts d'escu , & rendre toutes celles que nous ferons fabriquer à l'aduenir , les plus parfaites qu'elles puissent estre pour le bien & la commodité de nos Suiets & l'aduantage de nostre seruice , & pour empescher qu'elles ne soient falsifiées . Sçavoir Faisons que nous pour ces causes & autres bonnes considerations à ce nous mouuans , de l'aduis de nostre Conseil , où estoient plusieurs grands & notables personnages d'iceluy , & de nostre certaine science , pleine puissance & auctorité Royale , Nous

auons par ces presentes signées de nostre main, defendu & interdit, defendons & interdisons la fabrication des
especes d'argent appellées Francs, demy Francs & quarts de Francs ;
& auons ordonn & ordonnons
qu'au lieu d'i. lles , il sera fabriqué
en nostre Monnoye du moulin des
especes de monnoye d'argent , les
vnes du prix de soixante sols, les autres de trente sols, de quinze sols, &
de cinq sols , toutes au titre de onze
deniers de fin ; lesquelles pieces de
soixante sols seront du poids de vingt
vn denier huict grains trebuchant,
chacune à la taille de huict pieces onze douziémes de piece, au remede d'vn
douziesme de piece & de deux grains
de fin pour marc, les pieces de trente
sols, quinze sols & cinq sols à proportion. Et pour faire que la valeur du
marc d'argent ait rapport à celle du
marc d'or , & que les especes d'argent

payent

payent celles d'or, Nous auons reglé
& reglons le prix de chacun marc
d'argent le Roy à vingt-six liures
dix fols; & entendons que les Quarts
d'efcu qui fe trouueront du poids de
fept deniers douze grains trebuchans,
qui eft celuy porté par nos Ordonnances, ayent cours pour vingt-vn
fol, les Teftons de France & de Nauarre du poids de fept deniers dix
grains trebuchans, pour vingt fols
fix deniers, les Francs du poids de onze deniers vn grain trebuchant, pour
vingt-huit fols, & les demys & quarts
defdites efpeces à proportion. OR-
DONNONS que touteslefdites Monnoyes tant de nouuelle fabrique qu'-
anciéne feront pefées ainfi qu'il a deu
eftre fait de tout temps pour les monnoyes ayans cours en ce Royaume,
& qu'il fera marqué des poids pour
lefdites monnoyes d'argent nouuelles en noftre Cour des Monnoyes, fur

lesquels les Banquiers , Marchands,
Fondeurs , & toutes autres personnes
feront étallonner, adiuster, & marquer au Greffe de nostredite Cour,
ceux dont ils se voudront seruir , aus-
quels nostre poinçon sera appliqué
gratuitement ; leur defendant de se
seruir d'aucun autre poids à peine de
confiscation des poids , & de deux
cens liures d'amende. VOVLONS, &
nous plaist, que tous ceux qui ont des
monnoyes tant de France qu'estrangeres qui ne se trouueront du poids
trebuchant, les apportent incessamment en nostre Monnoye au moulin,
où elles seront payées selon la iuste
valeur de leur poids, tout ainsi qu'il a
esté pratiqué pour les monnoyes d'or.
Et que pour donner vn suffisant delay
au conuertissement des especes d'argent legeres, elles ayent cours pour le
prix de leur iuste poids, iusques au dernier iour du mois de Mars de l'année

prochaine inclufiuement, fuiuant &
conformément à noftre Declaratiõ, &
au Tariffe du vingt-neufiéme Octobre dernier, cõme auffi au Cahier attaché fous le côtrefcel de ces prefentes;
apres lequel iour dernier Mars toutes lefdites efpeces d'argent de France & eftrangeres qui ne feront de
poids trebuchant, demeureront décriées de tout cours & mife, les decla-
rant telles dés à prefent comme pour
lors : Defendons à toutes perfounes
de quelque qualité & condition qu'elles foient, d'en expofer ny receuoir
apres ledit temps en aucun lieu de noftre Royaume, Pays, Terres & Sei-
gneuries de noftre obeyffance, à quelque prix que ce puiffe eftre, & pour
quelque caufe que ce foit, à peine de
confifcation des efpeces, & de cinq
cens liures d'amende pour la premie-
re fois, & de punition corporelle pour
la feconde, outre ladite amende, &

de confiscation de corps & de biens
en cas de recidiue; le tiers defquelles
confifcations & amendes Nous ap-
pliquons au denonciateur : Faifons
tres-exprelles inhibitions & defenfes
à tous Marchands, Orfeures, Affineurs, Tireurs d'or & tous autres, de
vendre ledit marc d'argent le Roy à
plus haut prix que de vingt-fix liures
dix fols, à peine de la vie & de confifcation de tous & chacuns les biens
des contreuenans, dont Nous appli-
quons le tiers au denonciateur : DE-
FENDONS aufli à tous nos Suiets &
aux Eftrangers regnicoles, & tous
autres, de fondre aucun or & argent
monnoyé, & d'en tranfporter hors
de noftre Royaume, ny aucuns ouurages d'Orfeurerie, fur peine de punition corporelle, & confifcation des
matieres & marchandifes, & autres
chofes qui fe trouueront emballées
auec lefdités matieres & ouurages

d'or & d'argent. VOVLONS & ordonnons que d'oresnauant, à commencer du iour de la publication des
presentes, il soit payé en nos coffres
par les Orfeures, & Tireurs d'or pour
tout l'or & l'argent qu'ils mettront en
œuure, pareil droit de Seigneuriage
que celuy que nous payent les Maistres de nos Monnoyes, & ce és mains
des Receueurs, Commis ou Fermiers
que nous establirons pour cét effet;
sçauoir six liures pour chaque marc
d'or,& sept sols huiét deniers & vingt-
vingt-troisiéme de denier pour chacun marc d'argent ouuré, suiuant
nostre Declaration du dixiéme Septembre mil six cens trente six, &
Arrest de nostre Cour des Monnoyes
du vingt.deuxiéme Septembre audit
an 1636. VOVLONS au surplus que
toutes les Ordonnances sur le fait
de nos Monnoyes, & de l'Orfeurerie soient exactement gardées & ob-

feruées, & qu'il foit informé des con-
trauentions qui y feront faites, & à ces
prefentes, à la requefte de noftre Procureur General en noftre Cour des
Monnoyes, par les Confeillers deputez d'icelle, Generaux, Prouinciaux &
Gardes de nos Monnoyes, en ayans,
entant que de befoin, attribué, & at-
tribuons toute iurifdiction & con-
noiflance à ladite Cour , & icelle interdite à nos Cours de Parlement , &
tous autres Iuges. SI DONNONS EN
MANDEMENT à nos amez & feaux
les Gens tenans noftre Cour des Monnoyes, que ces prefentes ils faffent li-
re, publier & enregiftrer, nonobftant
le temps des vacations , & le contenu en icelles garder & obferuer fans y
contreuenir , ny permettre qu'il foit
contreuenu en aucune maniere. MAN-
DONS & ordonnons à tous Baillifs, Senefchaux, Preuofts, leurs Lieutenans
& autres nos Officiers d'y tenir la

main , à peine d'en répondre en leur propre & priué nom: CAR tel est noſtre plaiſir. Et afin que ce ſoit choſe ferme & ſtable à touſiours , Nous auons fait mettre noſtre ſeel à ceſdites preſentes , ſauf en autres choſes noſtre droit , & l'autrùy en toutes. DONNE' à Peronę au mois de Septembre , l'an de grace mil ſix cens quarante - vn , & de noſtre regne le trente-deuxieſme. Signé , LOVIS. Et ſur le reply, Par le Roy , SVBLET. & ſeellé ſur double queuë en lacs de ſoye de cire verte.

Et encore eſt eſcrit ſur ledit reply,

Leuës , publiées & regiſtrées és Regiſtres de ladite Cour, ce requerant & conſentant le Procureur general , pour eſtre executées, gardées & obſeruées ſelon leur forme & teneur, ſuiuant & aux charges portées par l'Arreſt de ladite Cour de ce iourd'huy. A Paris en la Cour des Monnoyes , le 18. Nouembre 1641. Signé, DELAISTRE.

EXTRAICT DES REGISTRES
de la Cour des Monnoyes.

VEV par la Cour les Lettres Patentes du Roy en forme d'Edict, du mois de Septébre dernier, figné, LOVIS, & fur le reply, Par le Roy, SVBLET, & feellé en cire verte fur lacs de foye, prefentées au Bureau par Cartays Aduocat general pour le Procureur general de fa Maiefté en icelle : Portant entre autres chofes interdictió de fabriquer en fes Monnoyes des efpeces d'argent appellées Francs, demys & quarts de Francs, & qu'au lieu il feroit fait en la Monnoye du Moulin des Pieces d'argent de foixante fols , & trente, quinze & cinq fols ; & que le marc d'argent le Roy vaudra vingt fix liures dix fols ; & les pieces cy-deuant appellées Quarts d'efcu, & à prefent de vingt fols, du poids de fept deniers douze grains trebuchans, auront cours pour vingt-vn fol ; les Teftons de France & de Nauarre, du poids de fept deniers dix grains trebuchans, pour vingt fols fix deniers ; les Francs du poids de onze deniers vn grain trebuchans, pour

vingt-

vingt-huict fols, & les demis & quarts defdites efpeces à proportion : & que toutes lefdites monnoyes tant de nouuelle fabrication qu'ancienne feront pefées, ainfi qu'il a deu eftre fait de tout temps pour les monnoyes ayans cours en ce Royaume: auffi que les Monnoyes d'argent legeres tant de France qu'eftrangeres, feront apportées inceffamment à la Monnoye au Moulin, où elles feront payées felon la iufte valeur de leurs poids, tout ainfi qu'il a efté pratiqué pour les monnoyes d'or, & que les efpeces d'argent legeres auront cours pour le prix de leur iufte poids, iufques au dernier Mars prochain incluſiuement, fuiuant la Declaration & Tarif du 29. Octobre dernier, & Cahier attaché fous le contrefeel dudit Edict; apres lequel iour dernier Mars, les efpeces d'argent de France & eftrangeres qui ne feront de poids trebuchant, demeureront décriées: & outre qu'il fera payé par les Orféures & Tireurs d'or, pour l'or & l'argent qu'ils mettront en œuure, pareil droict de Seigneuriage que celuy qui eft payé par les Maiftres des Monnoyes. Mandant à ladite Cour faire publier & regiftrer ledit Edict, nonobftant le temps des vacations, & le contenu en iceluy gar-

C

der & obferuer. Conclufions du Procureur general, auquel ledit Edict & Cahier
y attaché a efté communiqué. Oüy le rapport du Confeiller à ce commis. Tout con-
fideré: La Covr a ordonné & ordonne que fur ledit Edict tres-humbles remonftrances feront faites au Roy en fon
Confeil, en ce qui concerne le furhauf-
fement du prix du marc d'argent le Roy,
& des efpeces des monnoyes d'argent pe-
fantes. Fait en la Cour des Monnoyes
le deuxiefme Octobre 1641.
Signé, Delaistre.

EXTRAICT DES REGISTRES
du Confeil d'Eftat.

SVr les remonftrances faites
au Roy en fon Confeil, par
les Deputez de la Cour des
Monnoyes, fur le fuiet du dernier
Edict de fa Maiefté fur le fait de fes
Monnoyes, du mois de Septembre
dernier, enuoyé en icelle pour y eftre
enregiftré: & apres auoir ouy les rai-

sons qui ont esté representées, tant pour ce qui regarde l'augmentation du prix du marc d'argent portée par ledit Edict, & l'exposition au marc des especes d'argent de France du poids de l'Ordonnance, auec le secours des grains accordez par Declaration de sa Maiesté du 29. Octobre 1640. que pour le droit de Seigneuriage estably sur les ouurages d'Orfeurerie qui peuuent estre employez à l'vsage du seruice diuin. LE ROY EN SON CONSEIL a ordonné & ordonne, qu'il sera par ladite Cour passé outre à l'enregistrement dudit Edict; sauf pour ce qui concerne ledit droit de Seigneuriage sur les ouurages d'Orfeurerie d'or & d'argent, dont sa Maiesté a déchargé & décharge ceux seulement qui seront designez par l'Arrest d'enregistrement de ladite Cour. Et à l'égard des especes d'argent aux coins & armes de France, qui ne se trouueront du poids de

l'Ordonnance qu'auec le remede des
grains accordez par ladite Declaration du 29. Octobre 1640. sadite
Maiesté laisse à la disposition de ladite Cour des Monnoyes, d'y apporter tel reglement qu'elle iugera
necessaire pour la commodité du
commerce. Fait au Conseil d'Estat
du Roy tenu à Paris le 7. iour de Nouembre 1641. Ainsi signé, LE RAGOIS.

COMMISSION.

LOVIS par la grace de Dieu
Roy de France & de Nauarre, à
nos amez & feaux Conseillers les
Gens tenans nostre Cour des Monnoyes, Salut. Nous vous mandons &
ordonnons par ces presentes signées
de nostre main, que suiuant l'Arrest dont l'extraict est cy attaché sous
le contre-seel de nostre Chancellerie,
ce iourd'huy donné en nostre Conseil d'Estat sur les remonstrances qui

nous y ont esté faites par vos Deputez sur le suiet de nostredit Edict du mois de Septembre dernier sur le fait des Monnoyes ; vous ayez à passer outre à l'enregistrement pur & simple de nostredit Edict ; sauf pour ce qui concerne le droit de Seigneuriage sur les ouurages d'Orfeurerie d'or & d'argent, dont nous auons déchargé & déchargeons ceux seulement qui serót designez par vostre Arrest d'enregistrement dudit Edict. Et à l'égard des especes d'argent aux coins & armes de France, qui ne se trouueront du poids de l'Ordonnance qu'auec le remede des grains accordez par nostre Declaration du 29. d'Octobre 1640. vous y apportiez tel reglement que vous iugerez necessaire pour la commodité du commerce. De ce faire vous auons donné & donnons plein pouuoir, commission, & mandement special : Car tel est nostre plaisir. DONNE' à S. Germain

en Laye, le 7. iour de Nouembre l'an
de grace 1641. & de noſtre Regne le
trente-deuxiéme. Signé, LOVIS.
Et plus bas, Par le Roy, SVBLET.
Et ſcellée de cire iaune ſur ſimple
queuë.

EXTRAICT DES REGISTRES
de la Cour dés Monnoyes.

VEv par la Cour les Lettres Patentes du Roy en forme d'Edict
du mois de Septembre dernier,
ſignées LOVIS, & ſur le reply,
Par le Roy, SVBLET, & ſeellées en cire
verte ſur lacs de ſoye, portant interdiction
de la fabrication en ſes Monnoyes des
eſpeces d'argent appellées Francs, demys,
& quarts de Francs ; & qu'au lieu il ſera
fait en la Monnoye du Moulin des Pieces
d'argent de ſoixante ſols , trente , quinze, & cinq ſols, au titre de onze deniers
de fin, & du poids y cotté ; & que le marc
d'argent le Roy vaudra vingt-ſix liures
dix ſols ; & que les pieces cy-deuant appellées Quarts d'eſcu , & à preſent de
vingt ſols, du poids de ſept deniers douze

grains trebuchans aurōt cours pour vingt-
vn sols : les Testons de France, & de Nauarre, du poids de sept deniers dix grains
trebuchans, pour vingt sols six deniers : les
Francs du poids de onze deniers vn grain,
trebuchans, pour vingt-huict sols, les demys & quarts à proportion : & que toutes
lesdites monnoyes, tant de nouuelle fabrication qu'ancienne seront pesées, ainsi
qu'il a deu estre fait de tout temps pour
les monnoyes ayans cours en ce Royaume ; & qu'il sera marqué des poids pour
lesdites monnoyes d'argent nouuelles en
ladite Cour, sur lesquels les Banquiers,
Marchands, Fondeurs, & toutes autres
personnes feront étallonner, adiuster, &
marquer au Greffe de ladite Cour ceux
dont ils se voudront seruir, auquel le poinçon de sa Maiesté sera appliqué gratuitement ; leur defendant de se seruir d'aucun
autre poids, à peine de confiscation des
poids, & de deux cens liures d'amande :
Veut que tous ceux qui ont des mōnoyes
d'argent, tant de France qu'estrangeres,
qui ne se trouueront du poids trebuchant,
les apportent incessamment en la Monnoye au Moulin, où elles seront payées selon la iuste valeur de leurs poids, tout ainsi
qu'il a esté pratiqué pour les monnoyes

d’or; & que les especes d’argent legeres
aurôt cours pour le prix de leur iuste poids,
iusques au dernier de Mars prochain in-
clusiuement, suiuant la Declaration &
Tarif du 29. Octobre dernier, & Cahier
attaché sous le contre-seel dudit Edict;
apres lequel iour dernier Mars les especes
d’argent de France & estrangeres qui ne
seront de poids trebuchant, demeureront
décriées; defendant à toutes personnes
d’en exposer ny receuoir apres ledit temps
par tout le Royaume, & à tous Marcháds,
Orfeures, Affineurs, Tireurs d’or, & autres, de vendre le marc d’argent à plus
haut prix que de vingt-six liures dix sols,
ny de transporter hors du Royaume or, argent monnoyé, ny aucuns ouurages d’Orfeurerie, sur les peines y côtenuës. Et outre
qu’il sera doresnauant payé par les Orfeures & Tireurs d’or, pour l’or & l’argent
qu’ils mettront en œuure pareil droit de
Seigneuriage, que celuy qui est payé
par les Maistres des Monnoyes, sçauoir six
liures pour chacun marc d’or, & sept sols
huict deniers xx. xxiij. de denier pour
marc d’argent : & au surplus que toutes
les Ordonnances sur le fait des Mõnoyes,
& de l’Orfeurerie soiét exactemét gardées
& obseruées, & informé des contrauen-
tions

tions. Mandant à ladite Cour faire publier & regiſtrer ledit Edict, & iceluy faire garder & obſeruer, comme plus au long eſt porté par ledit Edit: Cahier attaché audit Edict ſous le contre-ſeel. Concluſions dudit Procureur General ſur ledit Edict. Arreſt du deuxiéme Octobre dernier, par lequel auroit eſté ordonné que tres-humbles remonſtrances ſeroient faites à ſa Maieſté en ſon Conſeil ſur ledit Edict. Arreſt du Conſeil d'Eſtat, du ſeptiéme des preſens mois & an, ſigné LE RAGOIS: par lequel ſur les remonſtrances faites à ſadite Maieſté en ſon Conſeil par les Deputez de ladite Cour, ſur le ſuiet dudit Edict des Monnoyes, pour ce qui regarde l'augmentation du prix du marc d'argent, expoſition au marc des eſpeces d'argent de France du poids de l'Ordonnance auec le ſecours des grains accordez par la Declaration de ſa Maieſté du 29. Octobre 1640. que pour le droit de Seigneuriage étably ſur les ouurages d'Orfeurerie, qui peuuent eſtre employez à l'vſage du ſeruice diuin; ſadite Maieſté a ordonné qu'il ſeroit par ladite Cour paſſé outre à l'enregiſtrement dudit Edict, ſauf pour ce qui côcerne ledit droict de Seigneuriage ſur les ouurages d'Orfeurerie d'or & d'argent, dont ſadite

Majeſté décharge ceux ſeulement qui ſe-
ront deſignés par l'Arreſt d'enregiſtremét.
Et à l'egard des eſpeces d'argent aux coins
& armes de France, qui ne ſe trouueront
du poids de l'Ordonnance, qu'auec le
remede des grains accordez par ladite
Declaration du 29. Octobre : ſadite Majeſté laiſſe à la diſpoſition de ladite Cour
des Monnoyes, d'y apporter tel reglement
qu'elle iugera neceſſaire pour la commodité du commerce. Commiſſion ſur ledit Arreſt addreſſante à ladite Cour des
meſmes iour & an, ſignée LOVIS, &
plus bas, Par le Roy, SVBLET, & ſcellée ſur ſimple queuë de cire iaune, portant mandement à ladite Cour, que ſuiuant ledit Arreſt, dont l'extraict eſt attaché ſous le contreſcel, elle ayt à paſſer outre à l'enregiſtrement pur & ſimple dudit
Edict. Acte fait & ſignifié à la requeſte
des Maiſtres & Gardes de l'Orfeurerie de
Paris audit Procureur general le 15. deſ-
dits mois & an, contenant leur oppoſition
à la verification & enregiſtrement dudit
Edict, portant impoſition d'vn droict ſur
chacun marc d'argent, pour les raiſons à
déduire en téps & lieu: Autres concluſions
dudit Procureur general, auquel le tout
auroit eſté communiqué. Oüy le rapport

du Conſeiller à ce commis. Tout conſideré:
La Covr ſans s'arreſter à l'oppoſition des
Maiſtres & Gardes de l'Orfeurerie de cette
ville de Paris, pour laquelle ils ſe pouruoi-
ront pardeuers le Roy en ſon Conſeil, a ordonné & ordonne, que ſur le reply deſdites
Lettres en forme d'Ediĉt ſera mis, qu'elles
ont eſté leuës, publiées & regiſtrées és Regiſtres d'icelle, ce requerant ledit Procureur
general, pour eſtre executées, gardées, &
obſeruées ſelon leur forme & teneur, fors &
excepté pour les eſpeces d'argent legeres
cy-apres ſpecifiées, qui ſe trouueront dans
les remedes des grains portez par la Declaration du 29. Octobre 1640. leſquelles ſe-
ront expoſées, & aurôt cours au meſme prix
que cy-deuant, iuſques au dernier iour de
Mars prochain ; ſçauoir les Francs, pour
vingt-ſept ſols ; les Pieces appellées Quarts
d'eſcu, pour vingts ſols ; les Teſtons, pour
dix neuf ſols ſix deniers, pourueu que les
ſuſdites pieces ne ſoient diminuées de leur
iuſte poids que de ſix grains: les demys Frâcs
pour treize ſols ſix deniers; les demys Quarts
d'eſcu pour dix ſols, les demys Teſtons pour
neuf ſols neuf deniers ; leſdites pieces n'e-
ſtans diminuées que de trois grains : & les
quarts de Francs, pour ſix ſols neuf deniers,
n'eſtans auſſi diminuées que de deux grains.

Et pour le regard defdites efpeces qui fe
trouueront plus legeres que des grains fuf-
dits, & autres efpeces qui ne font cy-deffus
fpecifiées, elles aurõt cours iufqu'au dernier
Mars prochain, ainfi qu'elles ont de prefent,
à raifon de leur poids, fuiuant & conformé-
mẽt à la fufdite Declaration du 29. Octobre
1640. & au cahier d'eualuation attaché fous
le contrefeel dudit Edict. Et auffi en ce qui
cõcerne le droict de Seigneuriage fur les ouurages d'Orfeurerie d'or & d'argent necef-
faires aux Eglifes pour le feruice diuin, fça-
uoir croix, calices, patines, burettes, petits
baffins à mettre lefdites burettes, chande-
liers, foleils, ciboires, encenfoirs, beneftiers,
lampes, chaffes, & reliquaires, fuiuant l'Arreft du Confeil du 7. des prefens mois & an.
Et à l'effet fufdit feront lefdites Lettres Patentes en forme d'Edict, & prefent Arreft
publiez à fon de Trompe & cry public, &
affiches mifes és carrefours & lieux accou-
ftumez de cette ville & fauxbourgs de Paris, & copies collationnées par le Greffier de
ladite Cour, enuoyées par les Prouinces,
tant aux Generaux, Prouinciaux, qu'aux
Gardes des Mõnoyes de ce Royaume, Baillifs, Senefchaux, Preuofts, & autres Iuges
Royaux, pour eftre pareillement leuës &
publiées, & tenir la main à l'execution & en-

tretenement du contenu auſdites Lettres & preſent Arreſt : leſquels certifieront la-dite Cour de leurs diligences au mois. FAIT en la Cour dés Monnoyes le 18. Nouembre 1641. Signé, DELAISTRE.

ENSVIVENT

LES PORTRAITS, POIDS,

& prix des Eſpeces d'or & d'argent, tant de France qu'Eſtrangeres, auſquelles le Roy a donné cours par ſon preſent Edict.

PREMIEREMENT,

LOVIS du poids de deux deniers quinze grains trebuchant, pour cent ſols.

Double L o v i s du poids de
cinq deniers six grains trebuchant,
pour dix liures.

Quatruple L o v i s du poids de
dix deniers douze grains trebuchant,
pour vingt liures.

Efcu fol du poids de deux deniers quinze grains trebuchant, pour cinq liures quatre fols.

Le demy à proportion.

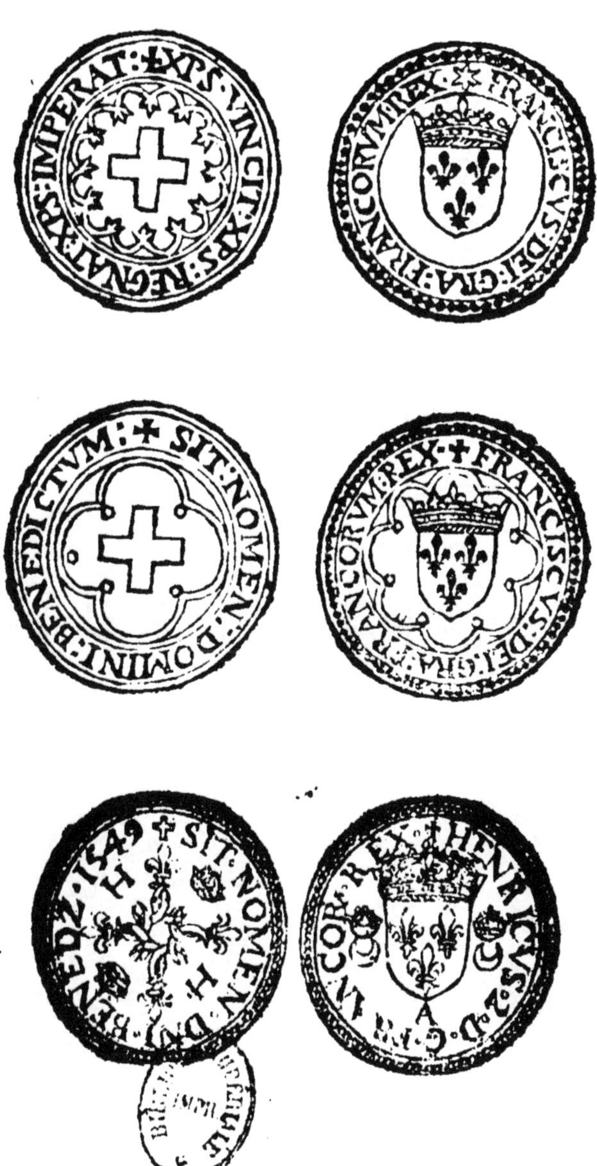

Le demy.

Escu couronne du poids de deux
deniers quatorze grains trebuchant,
pour cinq liures trois sols.

Le demy à proportion

E

Le vieil Escu du poids de trois deniers trebuchant, pour six liures.
Et le demy à proportion.

Franc à pied & à cheual, du poids
de deux deniers vingt grains trebuchant, pour cinq liures quinze sols.

Franc à pied.

35

Franc à cheual.

Royaux d'or, du poids de deux deniers vingt grains trebuchant, pour
cinq liures douze fols.

Le double Henry , du poids de cinq
deniers dix-sept grains trebuchant,
pour onze liures quatre sols.
Et le demy & quart à proportion.

Le demy.

Le quart.

CELLES D'ARGENT DE FRANCE ET DE NAVARRE.

Piece de soixante sols de nouuelle fabrication, du poids de vingt & vn denier huict grains trebuchant.

Piece de trente ſols de nouuelle fabrication , du poids de dix deniers
ſeize grains trebuchant.

Piece de quinze ſols de nouuelle
fabrication, du poids de cinq deniers
huict grains trebuchant.

Piece de cinq ſols de nouuelle faꝛ
brication, du poids d'vn denier dix-
huict grains & demy trebuchant.

Le Franc d'argent, du poids de ôn-
ze deniers vn grain trebuchant, pour
vingt-huit ſols.
Le demy & le quart à proportion.

FRANCE.

NAVARRE.

Le demy.

Le quart.

F

Piece appellée cy - deuant Quart
d'escu, du poids de sept deniers douze grains trebuchant, pour vingt - vn
sols.

Et le demy à proportion.

FRANCE.

NAVARRE.

Le demy.

Teſton du poids de ſept deniers dix
grains trebuchant, pour vingt ſols
ſix deniers.

Le demy à proportion.

FRANCE.

FRANCE.

NAVARRE.

Le demy.

F iij

Teston de Dombes , du poids de
sept deniers dix grains trebuchant,
pour vingt sols six deniers.
Et le demy à proportion.

ESPECES D'OR ESTRANGERES,

Le Double Ducat à deux testes d'E-
spagne & Flandre, du poids de cinq
deniers dix grains trebuchant , pour
dix liures.

Le demy & quart à proportion.

FLANDRE.

Piſtole d'Eſpagne de diuerſes fabrications, du poids de cinq deniers ſi}
grains trebuchant, pour dix liures. .
La demie, & le quatruple à proportiõ

La demie.

Sainct Estienne de Portugal, dit
Millerés, du poids de six deniers tre-
buchant, pour neuf liures dix sols.
Le demy & quart à proportion.

Le demy.

Portugaiſe , autrement dite Qua
truple deux cinquiémes de Milleró
du poids de neuf deniers douze graiï
trebuchant , pour quatorze liurï
ſeize ſols.

Le demy & quart à proportion. .

Le demy.

Le quart.

Milleret à la petite croix, du poids
de deux deniers dix-sept grains trebuchant, pour quatre liures dix sols.

G ij

Milleret à la longue croix, du poids
de deux deniers dix sept grains trebuchant, pour quatre liures cinq sols.

Noble à la rose d'Angleterre , du
poids de six deniers trebuchant, pour
dix liures dix sols.

Le demy à proportion.

Noble Henry d'Angleterre, du
poids de cinq deniers dix grains trebuchant, pour neuf liures dix fols.
Et le demy à proportion.

Angelot d'Angleterre, du poids de
deniers trebuchant, pour fept liures.
4· Le demy à proportion.

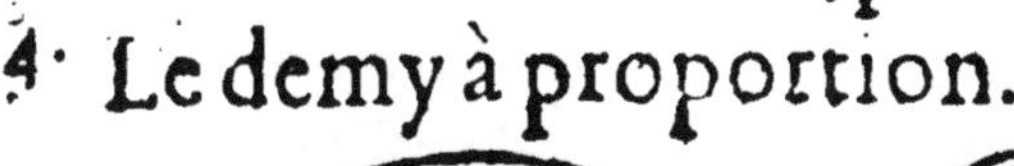

Iacobus d'Angleterre, d'Escosse, &8
Ridre d'Hollande vieil , pesant septq
deniers vingt grains trebuchant , 1
pour treize liures.

Le demy, quart & huictiéme à pro-o
portion.

ANGLETERRE.

Le demy.

Iacobus nouueau, pesant sept deniers deux grains trebuchant, pour
douze liures.

Imperial de Flandre, du poids de
quatre deniers quatre grains trebuchant, pour sept liures dix sols.

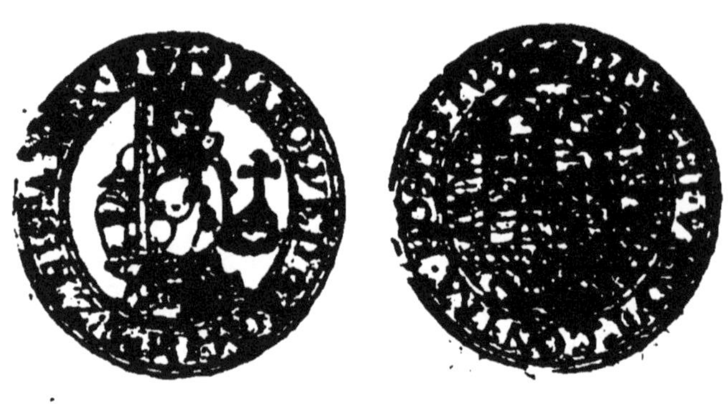

DemyImperial de bas aloy, du poids
de deux deniers quatorze grains trebuchant, pour trois liures quinze sols.

Real

Réal de Flandre, du poids de quatre deniers quatre grains trebuchant,
pour sept liures dix sols.

Albertus de Flandre, du poids de
quatre deniers trebuchant, pour six
liures.

H

Le demy, du poids de deux deni\[ers]
neuf grains trebuchant, pour tr\[ois]
liures.

Souuerain de Flandre , du poi\[ds]
de six deniers douze grains trebu\[-]
chant, pour treize liures.

Le demy & quart à proportion.

Le demy Souuerain.

Escu de Flandre , dit Reyne , i
poids de deux deniers quinze gra
trebuchant, pour quatre liures ci
sols.

Escu Philippe de pareil poids & pr

Autre Escu de Flandre , de pareil poids & prix.

Escu d'Escosse de pareil poids & prix

Piftole de Rome, Milan, Veniſe, Florence, & autres d'Italie, & d'ailleurs,
du poids de cinq deniers 4. grains
trebuchant, pour neuf liures 12. ſols.
Le quatruple à proportion.

ROME.

BOLOGNE.

MILAN.

VENISE.

FLORENCE.

PARME.

SAVOYE.

DOMBES.

ORANGES.

BESANÇON.

Escu d'Italie, & autres, du poids de
deux deniers quatorze grains trebuchant, pour quatre liures seize sols.

ROME.

BOLOGNE.

I

FERRARE.

LVCQVES.

SIENNE.

VENISE.

GENES.

VALENCE.

DOMBES.

LA MARK.

SAVOYE.

SAVOYE.

Geneue non contrefaites.

Piſtole de Lorraine, du poids de
cinq deniers quatre grains trebu--
chant, pour ſept liures ſix ſols.

La demie & quatruple à propor--
tion.

La demie.

Piſtoles de Sainɛte Dorothée, de
Liege, & de Spinola, du poids de
cinq deniers quatre grains, pour ſix
liures cinq ſols.

LIEGE.

SPINOLA.

Escu de Liege du poids de deux
deniers quatorze grains trebuchants,
pour trois liures huict sols.

Florin de Mets, du poids de deux
deniers quatorze grains trebuchant,
pour cinquante-cinq sols.

Rid

Ridre de Frife, & de Gueldres, du
poids de deux deniers quinze grains
trebuchant, pour trois liures quinze
fols.

FRISE.

GVELDRES.

K

Florin Real, du poids de deux deniers quatorze grains trebuchant,
pour trois liures quatre fols.

Ducats de l'Empire, Hongrie, Venife, Sauoye, & autres, du poids de
deux deniers dix-fept grains trebuchant, pour quatre liures dix fols.
Le double a proportion.

L'EMPIRE.

L'EMPIRE.

HONGRIE.

VENISE.

K ij

PARME.

SALZBOVRG.

SAVOYE.

PRVSSE.

FRISE.

PROVINCES VNIES.

FERRARE.

TVRQVIE.

ESPECES D'ARGENT ESTRANGERES.
Piece de huict reales d'Espagne, de diuerses fabrications, du poids de vingt-vn deniers huict grains trebuchant, pour cinquante-huict sols.

Celles de quatre, de deux, & simples à proportion.

Piece de huict Reales.

Piece de quatre Reales.

Piece de quatre Reales.

Simple Reale.

Simple Reale.

Demie Reale.

Ducaton de Milan, du poids d'v-
ne once vn denier trebuchant, pour
trois liures sept sols.

L

Piece de Milan, non Ducaton, du
poids de vingt-vn deniers douze
grains trebuchant, pour trois liures.

Ducaton de Florence, Sauoye, Venise, & Parme, du poids d'vne once,
vn denier trebuchant, pour trois liures sept sols.

FLORENCE.

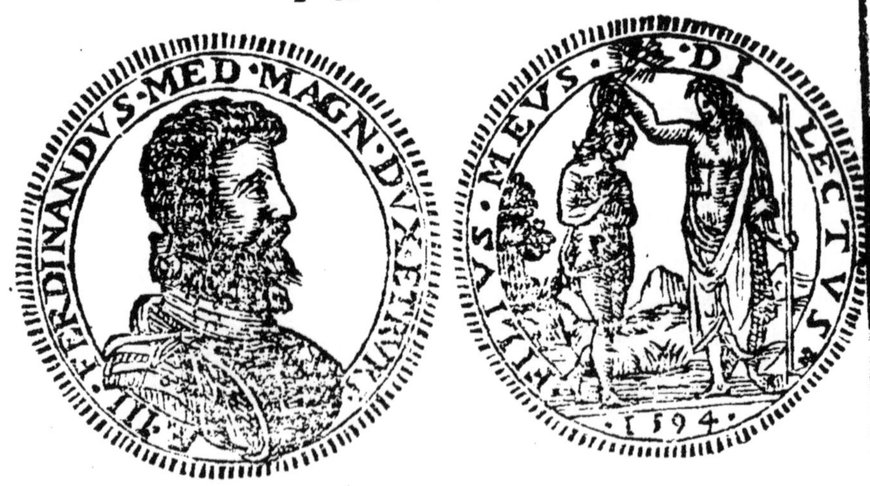

FLORENCE.

SAVOYE.

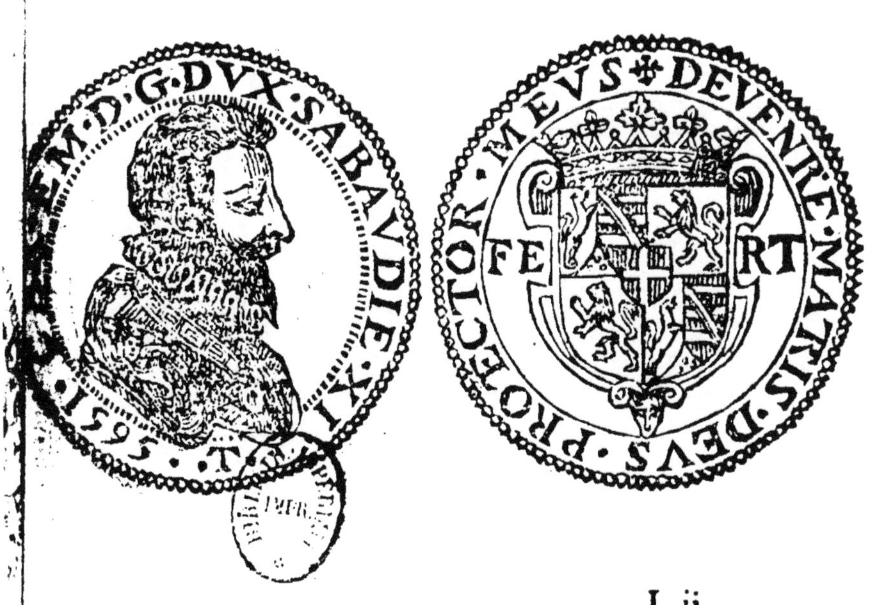

VENISE.

PARME.

Ducaton de Flandre, du poids d'v-
ne once vn denier huict grains trebuchant, pour trois liures cinq sols.
Le demy à proportion.

Philippe-dalle de Flandre , du
poids d'vne once vn gros trebuchant,
pour trois liures.

Le demy & le quint à proportion.

Le demy.

Le quint.

Patagon de Flandre, du poids de
vingt-deux deniers trebuchant, pour
cinquante-quatre sols.
Le demy & quart à proportion.

Patagon de Flandre.

Patagon de Flandre.

Piece des Prouinces vnies, Dalle au Lion, du poids de vingt-vn deniers trebuchant, pour trente-huict sols.

Piece de Zelande à l'Aigle, du poids
de quinze deniers douze grains trebuchant, pour trente sols.

Piece de Frise, dite Gros Bonnet, du
poids de quatorze deniers trebuchant, pour vingt-huict sols.

Piece de Liege non contrefaite,
du poids de treize deniers douze
grains trebuchant, pour vingt sept
fols.

La demie à proportion.

Piece de Liege.

Dalle de l'Empire, du poid
vingt-deux deniers trebuchant,
cinquante-cinq sols.

Dalle de l'Empire.

Dale de l'Empire,

Testo

Teſton d'Orange, du poids de ſept deniers dix grains trebuchant , pour quinze ſols.

Vieux Teſtons de Lorraine, d'Antoine & Charles , du poids de ſept deniers huiㄷt grains trebuchant , pour quinze ſols

N

Autres Teſtons d'Henry & Charles de Lorraine, dont les portraits enſuiuent, que ceux de Mets, du poids de ſept deniers trebuchant, pour quatorze ſols.

LORRAINE.

METS.

Teston du Cardinal de Lorraine,
fabriqué au moulin, du poids de tix
deniers quinze grains trebuchant,
pour treize sols six deniers.

Teston de Dole, du poids de fin
deniers douze grains trebuchan
pour douze sols.

Teston de Besançon, non le demi
du poids de six deniers trebuchan.
pour douze sols.

Chelin d'Angleterre du poids de
quatre deniers douze grains trebuchant, pour onze fols.
Le demy à proportion.

Piece de Flandre, du poids de quatre deniers trebuchant, pour fix fols.

Piece de Flandre.

Real de Flandre du poids de deux
deniers dix grains trebuchant, pour
cinq fols.

Piece de Flandre, du poids de deux
deniers trebuchant, pour deux ſols ſix
deniers.

Piece de Zelande, du poids d'vn
denier ſix grains trebuchant, pour
vn ſols ſix deniers.

LeGros de Lorraine, pour dix deniers.
Et le demy à moitié.

ENSVIT LE PRIX
du marc d'argent leger
ayant cours par le pre-
sent Edict.

PIECES CY-DEVANT
appellées *Quarts d'Escus.*

VN GRAIN,	1 d. pite. de p.
Deux Grains,	2 d. ob. semip.
Trois,	3 d. ob. p. sem.
Quatre,	5 d. p.
Cinq.	6 d. ob.
Six,	7 d. ob. p. semip.
Sept,	9 d. semip.
Huict,	10 d. ob.
Neuf.	11 d. ob. p.
Dix,	1 s. 1 d. semip.
Onze,	1 s. 2 d. p. semip.
Douze,	1 s. 3 d. ob. p.
Treize,	1 s. 5 d.
Quatorze	1 s. 6 d. p. semip.

Quinze

Quinze,	1 f. 7 d. ob. fem.
Seize,	1 f. 9 d
Dix fept,	1 f. 10 d. p.
Dix huict,	1 f. 11 d. ob. fem.
Dix neuf,	2 f. .... ob. p. fo.
Vingt,	2 f. 2 d. p.
Vingt vn,	2 f. 3 d. ob.
Vingt deux,	2 f. 4 d. ob. p. f.
Vingt trois,	2 f. 6 d. femip.
Le DENIER,	2 f. 7 d. ob.
Le demy Gros,	3 f. 11 d. p.
Le GROS,	7 f. 10 d. ob.
Deux,	15 f. 9 d.
Trois,	1 l. 3 f. 7 d. ob.
Quatre,	1 l. 11 f. 6 d.
Cinq,	1 l. 19 f. 4 d. ob.
Six,	2 l. 7 f. 3 d.
Sept,	2 l. 15 f. 1 d. ob.
L'ONCE,	3 l. 3 f.
Deux,	6 l. 6 f.
Trois,	9 l. 9 f.
Quatre,	12 l. 12 f.
Cinq,	15 l. 15 f.
Six,	18 l. 18 f.
Sept,	22 l. 1 f.
Le MARC,	25 l. 4 f.
Deux,	50 l. 8 f.
Trois,	75 l. 12 f.
Quatre,	100 l. 16 f.
Cinq,	126 l.
Six,	151 l. 4 f.

O

Sept,	176 l. 8 s
Huict,	201 l. 12 s
Neuf,	226 l. 16 s
Dix,	252 l.
Onze,	277 l. 4 s
Douze,	302 l. 8 s
Treize,	327 l. 12 s
Quatorze,	352 l. 16 s
Quinze,	378 l.
Seize,	403 l. 4 s
Dix sept,	428 l. 8 s
Dix huict,	453 l. 12 s
Dix neuf,	478 l. 16 s
Vingt,	504 l.
Vingt vn,	529 l. 4 s
Vingt deux,	554 l. 8 s
Vingt trois,	579 l. 12 s
Vingt quatre,	604 l. 16 s
Vingt cinq,	630 l.
Vingt six,	655 l. 4 s
Vingt sept,	680 l. 8 s
Vingt huict,	705 l. 12 s
Vingt neuf,	730 l. 16 s
Trente,	756 l.
Trente vn,	781 l. 4 s
Trente deux,	806 l. 8 s
Trente trois,	831 l. 12 s
Trente quatre,	856 l. 16 s
Trente cinq,	882 l.
Trente six,	907 l. 4 s
Trente sept,	932 l. 8 s

Trente huict,	957 l. 12 ſ.
Trente neuf,	982 l. 16 ſ.
Quarante,	1008 l.
Quarante vn,	1033 l. 4 ſ.
Quarante deux,	1058 l. 8 ſ.
Quarante trois,	1083 l. 12 ſ.
Quarante quatre,	1108 l. 16 ſ.
Quarante cinq,	1134 l.
Quarante ſix,	1159 l. 4 ſ.
Quarante ſept,	1184 l. 8 ſ.
Quarante huict,	1209 l. 12 ſ.
Quarante neuf,	1234 l. 16 ſ.
Cinquante,	1260 l.
Cinquante vn,	1285 l. 4 ſ.
Cinquante deux,	1310 l. 8 ſ.
Cinquante trois,	1335 l. 12 ſ.
Cinquante quatre,	1360 l. 16 ſ.
Cinquante cinq,	1386 l.
Cinquante ſix,	1411 l. 4 ſ.
Cinquante ſept,	1436 l. 8 ſ.
Cinquante huict,	1461 l. 12 ſ.
Cinquante neuf,	1486 l. 16 ſ.
Soixante,	1512 l.
Soixante vn,	1537 l. 4 ſ.
Soixante deux,	1562 l. 8 ſ.
Soixante trois,	1587 l. 12 ſ.
Soixante quatre,	1612 l. 16 ſ.
Soixante cinq,	1638 l.
Soixante ſix,	1663 l. 4 ſ.
Soixante ſept,	1688 l. 8 ſ.
Soixante huict,	1713 l. 12 ſ.

Soixante neuf,	1738 l. 16 ſ. d.
Soixante dix,	1764 l.
Soixante onze,	1789 l. 4 ſ.
Soixante douze,	1814 l. 8 ſ.
Soixante treize,	1839 l. 12 ſ.
Soixante quatorze,	1864 l. 16 ſ.
Soixante quinze,	1890 l.
Soixante seize,	1915 l. 4 ſ.
Soixante dix sept,	1940 l. 8 ſ.
Soixante dix huict,	1965 l. 12 ſ.
Soixante dix neuf,	1990 l. 16 ſ.
Quatre vingt,	2016 l.
Quatre vingt vn,	2041 l. 4 ſ.
Quatre vingt deux,	2066 l. 8 ſ.
Quatre vingt trois,	2091 l. 12 ſ.
Quatre vingt quatre,	2116 l. 16 ſ.
Quatre vingt cinq,	2142 l.
Quatre vingt six,	2167 l. 4 ſ.
Quatre vingt sept,	2192 l. 8 ſ.
Quatre vingt huict,	2217 l. 12 ſ.
Quatre vingt neuf,	2242 l. 16 ſ.
Quatre vingt dix,	2268 l.
Quatre vingt onze,	2293 l. 4 ſ.
Quatre vingt douze,	2318 l. 8 ſ.
Quatre vingt treize,	2343 l. 12 ſ.
Quatre vingt quatorze,	2368 l. 16 ſ.
Quatre vingt quinze,	2394 l.
Quatrevingt seize,	2419 l. 4 ſ.
Quatre vingt dix sept,	2444 l. 8 ſ.
Quatre vingt dix huict,	2469 l. 12 ſ.
Quatre vingt dix neuf,	2494 l. 16 ſ.

Cent,	2520 l.
Deux cens,	5040 l.
Trois cens,	7560 l.
Quatre cens,	10080 l.
Cinq cens,	12600 l.
Mil,	25200 l.

TESTONS.

LE GRAIN,	1 d. pite ¼ de semip.
Deux Grains,	2 d. ob. ½ de semip.
Trois,	3 d. ob. p. semip.
Quatre,	5 d. semip. ⅓
Cinq,	6 d. p. semip. ⅔
Six,	7 d. ob. p.
Sept,	9 d. ¼ de semip.
Huict,	10 d. p. ⅔ de semip.
Neuf,	11 d. ob. ¼ semip.
Dix,	1 s. ob. p. semip. ⅓
Onze,	1 s. 2 d. semip. ⅔
Douze,	1 s. 3 d. ob.
Treize,	1 s. 4 d. ob. p.
Quatorze,	1 s. 6 d. ⅔ semip.
Qninze,	1 s. 7 d. p. semip.
Seize,	1 s. 8 d. ob. semip. ⅓
Dix sept,	1 s. 9 d. p. semip. ⅔
Dix huict,	1 s. 11 d. p.
Dix neuf,	2 s. . . . . ob. ⅔ semip.
Vingt,	2 s. 1 d. ob. p. semip.

Vingt vn,	2 ſ. 3 d. ſemipite. $\frac{1}{3}$
Vingt deux,	2 ſ. 4 d. p. ſemip. $\frac{2}{3}$
Vingt trois,	2 ſ. 5 d. ob. p.
Le DENIER,	2 ſ. 7 d.
Le demy Gros,	3 ſ. 10 d. ob.
Le GROS,	7 ſ. 9 d.
Deux,	15 ſ. 3 d.
Trois,	1 l. 3 ſ. 3 d.
Quatre,	1 l. 11 ſ.
Cinq,	1 l. 18 ſ. 9 d.
Six,	2 l. 6 ſ. 6 d.
Sept,	2 l. 14 ſ. 3 d.
L'ONCE,	3 l. 2 ſ.
Deux,	6 l. 4 ſ.
Trois,	9 l. 6 ſ.
Quatre,	12 l. 8 ſ.
Cinq,	15 l. 10 ſ.
Six,	18 l. 12 ſ.
Sept,	21 l. 14 ſ.
LE MARC,	24 l. 16 ſ.
Deux,	49 l. 12 ſ.
Trois,	74 l. 8 ſ.
Quatre,	99 l. 4 ſ.
Cinq,	124 l.
Six,	148 l. 16 ſ.
Sept,	173 l. 12 ſ.
Huict,	198 l. 8 ſ.
Neuf,	223 l. 4 ſ.
Dix,	248 l.
Onze,	272 l. 16 ſ.
Douze,	297 l. 12 ſ.

Treize,	322 l. 8 f.
Quatorze,	347 l. 4 f.
Quinze,	372 l.
Seize,	396 l. 16 f.
Dix sept,	421 l. 12 f.
Dix huict,	446 l. 8 f.
Dix neuf,	471 l. 4 f.
Vingt,	496 l.
Vingt vn,	520 l. 16 f.
Vingt deux,	545 l. 12 f.
Vingt trois,	570 l. 8 f.
Vingt quatre,	595 l. 4 f.
Vingt cinq,	620 l.
Vingt six,	644 l. 16 f.
Vingt sept,	669 l. 12 f.
Vingt huict,	694 l. 8 f.
Vingt neuf,	719 l. 4 f.
Trente,	744 l.
Trente vn,	768 l. 16 f.
Trente deux,	793 l. 12 f.
Trente trois,	818 l. 8 f.
Trente quatre,	843 l. 4 f.
Trente cinq,	868 l.
Trente six,	892 l. 16 f.
Trente sept,	917 l. 12 f.
Trente huict,	942 l. 8 f.
Trente neuf,	967 l. 4 f.
Quarante,	992 l.
Quarante vn,	1016 l. 16 f.
Quarante deux,	1041 l. 12 f.
Quarante trois,	1066 l. 8 f.

Quarante quatre,	1091 l. 4 f.
Quarante cinq,	1116 l.
Quarante six,	1140 l. 16 f.
Quarante sept,	1165 l. 12 f.
Quarante huict,	1190 l. 8 f.
Quarante neuf,	1215 l. 4 f.
Cinquante,	1240 l.
Cinquante vn,	1264 l. 16 f.
Cinquante deux,	1289 l. 12 f.
Cinquante trois,	1314 l. 8 f.
Cinquante quatre,	1339 l. 4 f.
Cinquante cinq,	1364 l.
Cinquante six,	1388 l. 16 f.
Cinquante sept,	1413 l. 12 f.
Cinquante huict,	1438 l. 8 f.
Cinquante neuf,	1463 l. 4 f.
Soixante,	1488 l.
Soixante vn,	1512 l. 16 f.
Soixante deux,	1537 l. 12 f.
Soixante trois,	1562 l. 8 f.
Soixante quatre,	1587 l. 4 f.
Soixante cinq,	1612 l.
Soixante six,	1636 l. 16 f.
Soixante sept,	1661 l. 12 f.
Soixante huict,	1686 l. 8 f.
Soixante neuf,	1711 l. 4 f.
Soixante dix,	1736 l.
Soixante onze,	1760 l. 16 f.
Soixante douze,	1785 l. 12 f.
Soixante treize,	1810 l. 8 f.
Soixante quatorze,	1835 l. 4 f.

Soi-

Soixante quinze,	1860 l.
Soixante seize,	1884 l. 16 ſ.
Soixante dix ſept,	1909 l. 12 ſ.
Soixante dix huict,	1934 l. 8 ſ.
Soixante dix neuf,	1959 l. 4 ſ.
Quatre vingt,	1984 l.
Quatre vingt vn,	2008 l. 16 ſ.
Quatre vingt deux,	2033 l. 12 ſ.
Quatre vingt trois,	2058 l. 8 ſ.
Quatre vingt quatre,	2083 l. 4 ſ.
Quatre vingt cinq,	2108 l.
Quatre vingt ſix,	2132 l. 16 ſ.
Quatre vingt ſept,	2157 l. 12 ſ.
Quatre vingt huict,	2182 l. 8 ſ.
Quatre vingt neuf,	2207 l. 4 ſ.
Quatre vingt dix,	2232 l.
Quatre vingt onze,	2256 l. 16 ſ.
Quatre vingt douze,	2281 l. 12 ſ.
Quatre vingt treize,	2306 l. 8 ſ.
Quatre vingt quatorze,	2331 l. 4 ſ.
Quatre vingt quinze,	2356 l.
Quatre vingt ſeize,	2380 l. 16 ſ.
Quatre vingt dix ſept,	2405 l. 12 ſ.
Quatre vingt dix huict,	2430 l. 8 ſ.
Quatre vingt dix neuf,	2455 l. 4 ſ.
Cent,	2480 l.
Deux cens,	4960 l.
Trois cens,	7440 l.
Quatre cens,	9920 l.
Cinq cens,	12400 l.
Mil,	24800 l.

FRANCS.

LE GRAIN, 1 d. ſemip. $\frac{13}{24}$
DeuxGrains, 2 d. p. ſemipite.

Trois,	3 d. ob.
Quatre,	4 d. ob. p.
Cinq,	5 d. p. ſemip.
Six,	7 d. ſemip. $\frac{6}{24}$
Sept,	8 d. p.
Huict,	9 d. ob.
Neuf,	10 d. ob. ſemip.
Dix,	11 d. ob. pite.
Onze,	1 ſ. 1 d. ob. pite ſem.
Douze,	1 ſ. 2 d. p. $\frac{12}{24}$
Treize,	1 ſ. 3 d. ob.
Quatorze,	1 ſ. 4 d. ob. ſemip.
Quinze,	1 ſ. 5 d. ob. p. ſemip.
Seize,	1 ſ. 7 d.
Dix ſept,	1 ſ. 8 d. pite.
Dix huict,	1 ſ. 9 d. p. ſemip.
Dix neuf,	1 ſ. 10 d. ob. ſemip.
Vingt,	1 ſ. 11 d. ob. pite.
Vingt vn,	2 ſ. 1 d.
Vingt deux,	2 ſ. 2 d. ſemip.
Vingt trois,	2 ſ. 3 d. p. ſemip.
Le DENIER,	2 ſ. 4 d. ob. ſemip.
Le demy Gros,	3 ſ. 6 d. ob. p. ſemip. $\frac{13}{24}$
Le GROS,	7 ſ. 1 d. p. ſemip.

Deux,	14 ſ. 3 d. ob. pite.
Trois,	1 l. 1 ſ. 5 d. ob. p. ſemip.
Quatre,	1. l. 8. ſ. 7. d. ob.
Cinq,	1 l. 15 ſ. 9 d. p. ſemip.
Six,	2 l. 2 ſ. 11 d. p.
Sept,	2 l. 10 ſ. 1 d. ſemip.
L'ONCE,	2 l. 17 ſ. 3 d.
Deux,	5 l. 14 ſ. 6. d.
Trois,	8 l. 11 ſ. 9 d.
Quatre,	11 l. 9. ſ.
Cinq,	14 l. 6 ſ.
Six,	17 l. 3 ſ. 6 d.
Sept,	20 l. . . . . . . 9 d.
Lᴇ MARC,	22 l. 18 ſ.
Deux,	45 l. 16 ſ.
Trois,	68 l. 14 ſ.
Quatre,	91 l. 12 ſ.
Cinq,	114 l. 10 ſ.
Six,	137 l. 8 ſ.
Sept,	160 l. 6 ſ.
Huict,	183 l. 4 ſ.
Neuf,	206 l. 2 ſ.
Dix,	229 l.
Onze,	251 l. 18 ſ.
Douze,	274 l. 16 ſ.
Treize,	297 l. 14 ſ.
Quatorze,	320 l. 12 ſ.
Quinze,	343 l. 10 ſ.
Seize,	366 l. 8 ſ.
Dix ſept,	389 l. 6 ſ.
Dix huict,	412 l. 4 ſ.

Dix neuf,	435 l. 2 f.
Vingt,	458 l.
Vingt vn,	480 l. 18 f.
Vingt deux,	503 l. 16 f.
Vingt trois,	526 l. 14 f.
Vingt quatre,	549 l. 12 f.
Vingt cinq,	572 l. 10 f.
Vingt six,	595 l. 8 f.
Vingt sept,	618 l. 6 f.
Vingt huict,	641 l. 4 f.
Vingt neuf,	664 l. 2 f.
Trente,	687 l.
Trente vn,	709 l. 18 f.
Trente deux,	732 l. 16 f.
Trente trois,	755 l. 14 f.
Trente quatre,	778 l. 12 f.
Trente cinq,	801 l. 10 f.
Trente six,	824 l. 8 f.
Trente sept,	847 l. 6 f.
Trente huict,	870 l. 4 f.
Trente neuf,	893 l. 2 f.
Quarante,	916 l.
Quarante vn,	938 l. 18 f.
Quarante deux,	961 l. 16 f.
Quarante trois,	984 l. 14 f.
Quarante quatre,	1007 l. 12 f.
Quarante cinq,	1030 l. 10 f.
Quarante six,	1053 l. 8 f.
Quarante sept,	1676 l. 6 f.
Quarante huict,	1909 l. 4 f.
Quarante neuf,	1122 l. 2 f.

Cinquante,	1145 l.
Cinquante vn,	1167 l. 18 ſ.
Cinquante deux,	1190 l. 16 ſ.
Cinquante trois,	1213 l. 14 ſ.
Cinquante quatre,	1236 l. 12 ſ.
Cinquante cinq,	1259 l. 10 ſ.
Cinquante ſix,	1282 l. 8 ſ.
Cinquante ſept,	1305 l. 6 ſ.
Cinquante huict,	1328 l. 4 ſ.
Cinquante neuf,	1351 l. 2 ſ.
Soixante,	1374 l.
Soixante vn,	1396 l. 18 ſ.
Soixante deux,	1419 l. 16 ſ.
Soixante trois,	1442 l. 14 ſ.
Soixante quatre,	1465 l. 12 ſ.
Soixante cinq,	1488 l. 10 ſ.
Soixante ſix,	1511 l. 8 ſ.
Soixante ſept,	1534 l. 6 ſ.
Soixante huict,	1557 l. 4 ſ.
Soixante neuf,	1580 l. 2 ſ.
Soixante dix,	1603 l.
Soixante onze,	1625 l. 18 ſ.
Soixante douze,	1648 l. 16 ſ.
Soixante treize,	1671 l. 14 ſ.
Soixante quatorze,	1694 l. 12 ſ.
Soixante quinze,	1717 l. 10 ſ.
Soixante ſeize,	1740 l. 8 ſ.
Soixante dix ſept,	1763 l. 6 ſ.
Soixante dix huict,	1786 l. 4 ſ.
Soixante dix neuf,	1809 l. 2 ſ.
Quatre vingt,	1832 l.

Quatre vingt vn,	1854 l. 18 f.
Quatre vingt deux,	1877 l. 16 f.
Quatre vingt trois,	1900 l. 14 f.
Quatre vingt quatre,	1923 l. 12 f.
Quatre vingt cinq,	1946 l. 10 f.
Quatre vingt six,	1969 l. 8 f.
Quatre vingt fept,	1992 l. 6 f.
Quatre vingt huiɛt,	2015 l. 4 f.
Quatre vingt neuf,	2038 l. 2 f.
Quatre vingt dix,	2061 l.
Quatre vingt onze,	2083 l. 18 f.
Quatre vingt douze,	2106 l. 16 f.
Quatre vingt treize,	2129 l. 14 f.
Quatre vingt quatorze,	2152 l. 12 f.
Quatre vingt quinze,	2175 l. 10 f.
Quatre vingt feize,	2198 l. 8 f.
Quatre vingt dix fept,	2221 l. 6 f.
Quatre vingt dix huiɛt,	2244 l. 4 f.
Quatre vingt dix neuf,	2267 l. 2 f.
Cent,	2290 l.
Deux cens,	4580 l.
Trois cens,	6870 l.
Quatre cens,	9160 l.
Cinq cens,	11450 l.
Mil,	22900 l.

PIECES D'ARGENT
ESTRANGERES.

REALLES D'ESPAGNE,
Ducatons d'Auignon, de Flandre, & Chelins d'Angleterre, au mefme prix que le Quart d'Efcu pour le Marc, & les diminutions à proportion.

PHILIPPES-DALLES
de Flandre, Patagons, Rifdalles, Teftons d'Orange, le Marc de mefme prix comme celuy des Francs, & les diminutions à proportion.

Ducatons de Milan, Florence, Sauoye, Venife, & Parme.

LE GRAIN,	1 d. pite $\frac{69}{192}$ de p.
Deux Grains,	2 d. obole.
Trois,	4 d.
Quatre,	5 d. pite.

Cinq,	6 d. ob.
Six,	8 d.
Sept,	9 d. p.
Huict,	10 d. ob.
Neuf,	1 ſ.
Dix,	1 ſ. 1 d. p.
Onze,	1 ſ. 2 d. ob.
Douze.	1 ſ. 4 d.
Treize,	1 ſ. 5 d. p.
Quatorze,	1 ſ. 6 d. ob.
Quinze,	1 ſ. 8 d.
Seize,	1 ſ. 9 d. p.
Dix ſept,	1 ſ. 10 d. ob.
Dix huict,	2 ſ.
Dix neuf,	2 ſ. 1 d. p.
Vingt,	2 ſ. 2 d. ob.
Vingt vn,	2 ſ. 4 d.
Vingt deux,	2 ſ. 5 d. p.
Vingt trois,	2 ſ. 6 d. ob.
Lᴇ DENIER,	2 ſ. 8 d. ſe. $\frac{1}{8}$ de p.
Le demy-Gros,	4 ſ. ſemip.
Lᴇ GROS,	8 ſ. p. ſem. $\frac{2}{21}$ de p.
Deux,	16 ſ. ob. p. ſemip.
Trois,	1 l. 4 ſ. 1 d. p. ſe.
Quatre,	1 L. 12 ſ. 1 d. o. p. ſe.
Cinq,	2 l. ... 2 d. p.
Six,	2 l. 8 ſ. 2 d. ob. p.
Sept,	2 l. 16 ſ. 3 d. p.
L'ONCE,	3 l. 4 ſ. 3 d. ob. p.
Deux,	6 l. 8 ſ. 7 d. ob.
Trois,	9 l. 12 ſ. 11 d. p.

Quatre,

Quatre,	12 l. 17 f. 3. d.
Cinq,	16 l.1 f.6 d. ob. p.
Six,	19 l.5 f.10 d. ob.
Sept,	22 l.10 f.2 d. p.
Le MARC,	25 l.14 f.6 d.
Deux,	51 l. 9 f.
Trois,	77 l.3 f.6 d.
Quatre,	102 l.18 f.
Cinq,	128 l.12 f.6 d.
Six,	154 l.7 f.
Sept,	180 l.1 f.6 d.
Huict,	205 l. 16 f.
Neuf,	231 l.10 f.6 d.
Dix,	257 l. 5 f.
Onze,	282 l.19 f.6.d.
Douze,	308 l.14 f.
Treize,	334 l. 8 f.6 d.
Quatorze,	360 l. 3 f
Quinze,	385 l.17.f.6 d.
Seize,	411 l.12 f.
Dix sept,	437 l.6 f.6 d.
Dix huict,	463 l.1 f.
Dix neuf,	488 l.15 f.6 d.
Vingt,	514 l.10 f.
Vingt vn,	540 l.4 f.6 d.
Vingt deux,	565 l.19.f.
Vingt trois,	591 l.13 f.6 d.
Vingt quatre,	617 l.8 f.
Vingt cinq,	643 l.2 f.6 d.
Vingt six,	668 l.17 f.
Vingt sept,	694 l.11 f.6 d.

Q

Vingt huict,	720 l. 6 f.
Vingt neuf,	746 l. .... 6. d.
Trente,	771 l. 15 f.
Trente vn,	797 l. 9 f. 6 d.
Trente deux,	823 l. 4 f.
Trente trois,	848 l. 18 f. 6 d.
Trente quatre,	874 l. 13 f.
Trente cinq,	900 l. 7 f. 6 d.
Trente six,	926 l. 2 f.
Trente sept,	951 l. 16 f. 6 d.
Trente huict,	977 l. 11 f.
Trente neuf,	1003 l. 5 f. 6 d.
Quarante,	1029 l.
Quarante vn,	1054 l. 14 f. 6 d.
Quarante deux,	1080 l. 9 f.
Quarante trois,	1106 l. 3 f. 6 d.
Quarante quatre,	1131 l. 18 f.
Quarante cinq,	1157 l. 12 f. 6 d.
Quarante six,	1183 l. 7 f.
Quarante sept,	1209 l. 1 f. 6 d.
Quarante huict,	1234 l. 16 f.
Quarante neuf,	1260 l. 10 f. 6 d.
Cinquante,	1286 l. 5 f.
Cinquante vn,	1311 l. 19 f. 6 d.
Cinquante deux,	1337 l. 14 f.
Cinquante trois,	1363 l. 8 f. 6 d.
Cinquante quatre,	1389 l. 3 f.
Cinquante cinq,	1414 l. 17 f. 6 d.
Cinquante six,	1440 l. 12 f.
Cinquante sept,	1466 l. 6 f. 6 d.
Cinquante huict,	1492 l. 1 f.

Cinquante neuf,   1517 l. 15 f. 6 d.
Soixante,   1543 l. 10 f.
Soixante vn,   1569 l. 4 f. 6 d.
Soixante deux,   1594 l. 19 f.
Soixante trois,   1620 l. 13 f. 6 d.
Soixante quatre,   1646 l. 8 f.
Soixante cinq,   1672 l. 2 f. 6 d.
Soixante fix,   1697 l. 17 f.
Soixante fept,   1723 l. 11 f. 6 d.
Soixante huict,   1749 l. 6 f.
Soixante neuf,   1775 l. ... 6 d.
Soixante dix,   1800 l. 15 f.
Soixante onze,   1826 l. 9 f. 6 d.
Soixante douze,   1852 l. 4 f.
Soixante treize,   1877 l. 18 f. 6 d.
Soixante quatorze,   1903 l. 13 f.
Soixante quinze,   1929 l. 7 f. 6 d.
Soixante feize,   1955 l. 2 f.
Soixante dix fept,   1980 l. 16 f. 6 d.
Soixante dix huict,   2006 l. 11 f.
Soixante dix neuf,   2032 l. 5 f. 6 d.
Quatre vingt,   2058 l.
Quatre vingt vn,   2083 l. 14 f. 6 d.
Quatre vingt deux,   2109 l. 9 f.
Quatre vingt trois,   2135 l. 3 f. 6 d.
Quatre vingt quatre,   2160 l. 18 f.
Quatre vingt cinq,   2186 l. 12 f. 6 d.
Quatre vingt fix,   2212 l. 7 f.
Quatre vingt fept,   2238 l. 1 f. 6 d.
Quatre vingt huict,   2263 l. 16 f.
Quatre vingt neuf,   2289 l. 10 f. 6 d.

Quatre vingt dix,	2315 l. 5 f.
Quatre vingt onze,	2340 l. 19 f. 6 d.
Quatre vingt douze,	2366 l. 14 f.
Quatre vingt treize,	2392 l. 8 f. 6 d.
Quatre vingt quatorze,	2418 l. 3 f.
Quatre vingt quinze,	2443 l. 17 f. 6 d.
Quatre vingt feize,	2469 l. 12 f.
Quatre vingt dix fept,	2495 l. 6 f. 6 d.
Quatre vingt dix huict,	2521 l. 1 f.
Quatre vingt dix neuf,	2546 l. 15 f. 6 d.
Cent,	2572 l. 10 f.
Deux cens,	5145 l.
Trois cens,	7717 l. 10 f.
Quatre cens,	10290 l.
Cinq cens,	12862 l. 10 f.
Six cens,	15435 l.
Sept cens,	18007 l. 10 f.
Huict cens,	20580 l.
Neuf cens,	23152 l. 10 f.
Mil,	25725 l.

Pieces des Prouinces vnies, de Frize dites Gros Bonnet, de Zelande
à l'Aigle, de Liege non contre-
faites, de Mets, Dole, Besançon, & de cinq sols d'Auignon,
Dalles au Lyon, & Testons de
Lorraine de diuerses fabrications.

LE GRAIN,	1 d $\frac{5}{24}$ de p.
Deux Grains,	2 d.
Trois,	3 d. semip.
Quatre,	4 d. semip.
Cinq,	5 d. p.
Six,	6 d. p.
Sept,	7 d. p.
Huict,	8 d. p. semip.
Neuf,	9 d. p. semip.
Dix,	10 d. ob.
Onze,	11 d. ob.
Douze,	1 s. .... ob. semip.
Treize,	1 s. 1 d. ob. semip.
Quatorze	1 s. 2 d. ob. semip.
Quinze,	1 s. 3 d. ob. p.
Seize,	1 s. 4 d. ob. p.

Dix sept,	1 s. 5 d. ob. p. semin
Dix huict,	1 s. 6 d. ob. p. semin
Dix neuf,	1 s. 7 d. ob. p. semin
Vingt,	1 s. 9 d.
Vingt vn,	1 s. 10 d.
Vingt deux,	1 s. 11 d. semip.
Vingt trois,	2 s. ..... semip.
Le DENIER,	2 s. 1 d. p.
Le Demy Gros,	3 s. 1 d. ob. p. semin
Le GROS,	6 s. 3 d. ob. p.
Deux,	12 s. 7 d. ob.
Trois,	18 s. 11 d. p.
Quatre,	1 l. 5 s. 3 d.
Cinq,	1 l. 11 s. 6 d. ob. p.
Six,	1 l. 17 s. 10 d. ob.
Sept,	2 l. 4 s. 2 d. p.
L'ONCE,	2 l. 10 s. 6 d.
Deux,	5 l. 1 s.
Trois,	7 l. 11 s. 6 d.
Quatre,	10 l. 2 s.
Cinq,	12 l. 12 s. 6 d.
Six,	15 l. 3 s.
Sept,	17 l. 13 s. 6 d.
Le MARC,	20 l. 4 s.
Deux,	40 l. 8 s.
Trois,	60 l. 12 s.
Quatre,	80 l. 16 s.
Cinq,	101 l.
Six,	121 l. 4 s.
Sept,	141 l. 8 s.
Huict,	161 l. 12 s.

Neuf,	181 l.16. f.
Dix,	202 l.
Onze,	222 l. 4 f.
Douze,	242 l. 8 f.
Treize,	262 l.12 f.
Quatorze,	282 l.16 f.
Quinze,	303 l.
Seize,	323 l. 4 f.
Dix sept,	343 l. 8 f.
Dix huict,	363 l.12 f.
Dix neuf,	383 l.16 f.
Vingt,	404 l.
Vingt vn,	424 l. 4 f.
Vingt deux,	444 l. 8 f.
Vingt trois,	464 l.12 f.
Vingt quatre,	484 l.16 f.
Vingt cinq,	505 l.
Vingt six,	525 l. 4 f.
Vingt sept,	545 l. 8 f.
Vingt huict,	565 l.12 f.
Vingt neuf,	585 l.16 f.
Trente,	606 l.
Trente vn,	626 l. 4 f.
Trente deux,	646 l. 8 f.
Trente trois,	666 l.12. f.
Trente quatre,	686 l 16 f.
Trente cinq,	707 l.
Trente six,	727 l. 4 f.
Trente sept,	747 l. 8 f.
Trente huict,	767 l.12 f.
Trente neuf,	787 l.16 f.

Quarante,	808 l.	
Quarante vn,	828 l.	4 ſ.
Quarante deux,	848 l.	8 ſ.
Quarante trois,	868 l.	12 ſ.
Quarante quatre,	888 l.	16 ſ.
Quarante cinq,	909 l.	
Quarante ſix,	929 l.	4 ſ.
Quarante ſept,	949 l.	8 ſ.
Quarante huict,	969 l.	12 ſ.
Quarante neuf,	989 l.	16 ſ.
Cinquante,	1010 l.	
Cinquante vn,	1030 l.	4 ſ.
Cinquante deux,	1050 l.	8 ſ.
Cinquante trois,	1070 l.	12 ſ.
Cinquante quatre,	1090 l.	16 ſ.
Cinquante cinq,	1111 l.	
Cinquante ſix,	1131 l.	4 ſ.
Cinquante ſept,	1151 l.	8 ſ.
Cinquante huict,	1171 l.	12 ſ.
Cinquante neuf,	1191 l.	16 ſ.
Soixante,	1212 l.	
Soixante vn,	1232 l.	4 ſ.
Soixante deux,	1252 l.	8 ſ.
Soixante trois,	1272 l.	12 ſ.
Soixante quatre,	1292 l.	16 ſ.
Soixante cinq,	1313 l.	
Soixante ſix,	1333 l.	4 ſ.
Soixante ſept,	1353 l.	8 ſ.
Soixante huict,	1373 l.	12 ſ.
Soixante neuf,	1393 l.	16 ſ.
Soixante dix,	1414 l.	

Soixante onze,	1434 l.	4 s.
Soixante douze,	1454 l.	8 s.
Soixante treize,	1474 l.	12 s.
Soixante quatorze,	1494 l.	16 s.
Soixante quinze,	1515 l.	
Soixante seize,	1535 l.	4 s.
Soixante dix sept,	1555 l.	8 s.
Soixante dix huict,	1575 l.	12 s.
Soixante dix neuf,	1595 l.	16 s.
Quatre vingt,	1616 l.	
Quatre vingt vn,	1636 l.	4 s.
Quatre vingt deux,	1656 l.	8 s.
Quatre vingt trois,	1676 l.	12 s.
Quatre vingt quatre,	1696 l.	16 s.
Quatre vingt cinq,	1717 l.	
Quatre vingt six,	1737 l.	4 s.
Quatre vingt sept,	1757 l.	8 s.
Quatre vingt huict,	1777 l.	12 s.
Quatre vingt neuf,	1797 l.	16 s.
Quatre vingt dix,	1818 l.	
Quatre vingt onze,	1838 l.	4 s.
Quatre vingt douze,	1858 l.	8 s.
Quatre vingt treize,	1878 l.	12 s.
Quatre vingt quatorze,	1898 l.	16 s.
Quatre vingt quinze,	1919 l.	
Quatre vingt seize,	1939 l.	4 s.
Quatre vingt dix sept,	1959 l.	8 s.
Quatre vingt dix huict,	1979 l.	12 s.
Quatre vingt dix neuf,	1999 l.	16 s.
Cent,	2020 l.	
Deux cens,	4040 l.	

R

Trois cens,	6060 l.
Quatre cens,	8080 l.
Cinq cens,	10100 l.
Six cens,	12120 l.
Sept cens,	14140 l.
Huict cens,	16160 l.
Neuf cens,	18180 l.
Mil,	20200 l.

L'an mil six cens quarante-vn, le Mecredy 27. Nouembre, l'Edict du Roy & Arrest cy-dessus portant nouuelle fabrication d'Especes d'argent, augmentation du marc d'argent le Roy, & des Quarts d'escu, Testons, & Francs aux coins & armes de sa Majesté, estans de leur iuste poids; & continuation du prix desdites especes, auec la remede des grains iusques au dernier Mars prochain, & de l'exposition des especes d'argent legeres; & outre vn droict de Seigneuriage sur les ourages d'Orfeurerie & Tireurs d'or, auec la nouuelle eualuatiõ, a esté leu & publié à son de Trompe & cry public, aux Carrefours & autres lieux tant ordinaires qu'extraordinaires de cette Ville & Faux-bourgs de Paris, en la presence de nous Iean Gerin premier Huissier en ladite Cour des Monnoyes, Iacques Blondel, & Michel Rebours Huissiers en icelle soubsignez, par Iean Iossier Iuré Crieur en ladite Ville, Preuosté & Vicomté de

Paris, accompagné de trois Trompettes, Commis
du Pierre Gilbert, Gentian le Chable, & Noiret,
Iurez Trompettes du Roy esdits lieux. Comme
aussi ont esté lesdits Edict & Arrest affixez par
nous en tous les lieux accoustumez de ladite Vil-
le & Fauxbourgs de Paris, à ce qu'aucun n'en
pretende cause d'ignorance. Signé, Gerin, Blon-
del & Rebours.

Collationné aux Originaux par moy Conseiller
& Secretaire du Roy, Maison & Couronne de
France & de ses Finances, Greffier en chef de
la Cour des Monnoyes soubsigné.

INSTRVCTION POVR LA
connoiſſance du Marc, & des poids qui le compoſent.

LE Marc eſt compoſé de huiᶜt Onces en huiᶜt poids.

Le premier qui eſt la boëtte, peze quatre Onces autant que les ſept autres.

Le deuxiéme, deux Onces autant que les ſix.

Le troiſiéme, vne Once autant que les cinq.

Le quatriéme, demy-Once autant que les quatre.

Le cinquiéme, deux Gros autant que les trois.

Le ſixiéme, vn Gros autant que les deux.

Le ſeptiéme, demy Gros autât que le huiᶜt.

L'Once eſt compoſé de huiᶜt Gros.

La demie Once de quatre Gros.

Le Gros eſt compoſé de trois deniers, qui font ſoixante & douze Grains.

Le demy Gros de trente-ſix Grains.

Le Denier de vingt-quatre Grains.

A

Lbertus de Flandres, à 6 liures, pesant vn gros 24 grains, page 57
Le demy, 3 l. demy gros 12 grains, 58
Angelot d'Angleterre, à 7 l. pesant vn gros 24 grains, 53
Le demy, 3 l. 10 sols, pesant demy gros 12 grains, 53

C

CHelins d'Angleterre, à 11 s. pesant vn gros & demy, 101

D

DAlles de l'Empire, à 55 s. pesant sept gros 24 grains, 94
Double Henry, à 11 l. 4 s. pesant vn gros & demy 19 grains 36
La moitié 5 l. 12 s. pe-

sant demy gros 33 grains, 36
Le quart, 2 l. 16 s. pesant 34 grains, 37
Ducatons de Milan, Florence, Sauoye, Venise, & Parme, à 3 l. 7 l. pesant vn once 24 grains, 81
Le demy, 33 s. 6 d. pesant 4 gros 12 grains, 81
Le quart, 16 s. 9 d. pesant 2 gros 6 grains. 81
Ducatons de Flandres, à 3 h 5 s. pesant vn once 32 grains, 85
Le demy, 32 s. 6 d. pesant 4 gros 16 grains, 86
Le quart, 16 s. 3 d. pesant 2 gros 8 grains, 85
Ducatons d'Auignon, à 3 l. 2 s. pesant vne once, 86
Le demy, 31 s. pesant

R iij

peſant 3 gros & de-
my 13 grains,   39
La moitié, à 14 ſ. pe-
ſant vn gros & demy
25 grains   41
Le quart, à 7 ſ. peſant
demy gros 30 grains,
41

G

Gros de Lorraine,
pour 10 deniers. Le
demy à moitié.   103

I

Iacobus d'Angleterre,
d'Eſcoſſe, & Ride de
Hollande vieils, va-
lant 13 l. peſant deux
gros & demy 8 grains,
54
Le demy, à 6 l. 10 ſ.
peſant vn gros vingt-
deux grains.   55
Le quart, à 3 l. 5 ſ. pe-
ſant demy gros onze
grains,   54
Iacobus nouueau, à 12 l.
peſant deux gros 26
grains,   55
Le demy à 6 l. peſant
vn gros 13 grains,   55
Le quart, à 3 l. peſant
demy gros 6 grains &
demy,   55

Imperial de Flandre, à
7 liu. 10 ſ. peſant vn
gros 28 grains,   56
Le demy de bas aloy,
à 3 l. 15 ſ. peſant de-
my gros 26 grains, 56

L

Louis de 5 l. peſant
demy gros 27 grains
29
Double de 10 l. peſant
vn gros & demy 18
grains,   30
Quadruple de 20 l.
peſant trois gros &
demy,

M

Millerez à la petite
croix, à 4 l. 10 ſ.
peſant demy gros 29
grains,   51
Millerez à la longue
croix, à 4 l. 5 ſ. peſant
demy gros 29 gr. 52

N

Noble à la Roſe, à
10 l. 10 ſ peſant 2
gros,   52
Le demy, à 5 l. 5 ſ. pe-
ſant vn gros.   52
Le quart, à 52 ſ. 6 d.
peſant demy gros, 52
Noble Henry d'Angle-

terre, à 9 l. 10 f. pe-
fant vn gros & demy
22 grains,　　　　53
Le demy, à 4 l. 15 f.
pefant demy gros 29
grains,　　　　　53
Le quart, à 47 f. 6 d.
pefant 32 grains & de-
my,　　　　　　53

P

PAtagons de Flandre,
à 54 f. pefant 7 gros
24 grains,　　　　89
Le demy, à 27 f. pe-
fant trois gros & de-
my 12 grains,　　89
Le quart, à 13 f. 6 d.
pefant vn gros & de-
my 24 grains,　　89
Philippedale de Flan-
dre, à 3 l. pefant vne
once vn gros,　　88
Le demy, à 30 f. pe-
fant 4 gros & demy,
88
Le quint, à 12 f. pe-
fant vn gros & demy
21 grains　　　　89
Piece de 60 f. de nou-
uelle fabrication, pe-
fant 7 gros 8 grains, 37
Piece de 30 f. de nou-
uelle fabrication, pe-

fant trois gros & de-
my 4 grains,
Piece de 15 f. de nou-
uelle fabrication, pe-
fant vn gros & dem-
20 grains,
Piece de 5 f. de nouuel-
le fabrication, pefant
42 grains,　　　3?
Piece de Milan non Du-
caton, à 3 l. pefant
gros 12 grains,　8?
Piece d'Auignon, de 5 l.
pefant demy gros 2?
grains,　　　　8?
Piece des Prouinces V-
nies, à 38 f. pefant 7
gros,　　　　　9?
Piece de Zelande, à 30 f.
pefant 5 gros, 12. gr. 92?
Piece de Frize à gros
Bonnet, à 28 f. pefant
4 gros & demy douze
grains,　　　　92?
Piece de Liege, à 27 f.
pefant 4 gros & de-
my,　　　　　93?
La demye, à 13 f. 6. d. pefant 2 gros 18 grains, 93?
Piece de Flandre, à 6 f.
vn gros 24 grains, 101?
Piece de Flandre, à 2 f. &
6 d. pefant demy gros
douze

12 grains, 103
Piece de Zelande, à 1 s. & 6 d. pesant 30 grains, 103
Piſtole d'Eſpagne, à 10 l. pesant 1 gros & demy 18 grains, 48
La demie, à 5 l. pesant demy gros 27 grains, 49
Le quatruple, à 20 l. pesant 3 gros & demy, 50
Piſtole d'Italie, à 9 l. 12 s. pesant 1 gros & demy 16 grains, 62
La demie, à 4 l. 16 s. pesant demy gros 26 grains, 62
Le quatruple, à 19 l. 4 s. pesant 3 gros 32 grains, 62
Piſtole de Sauoye, à 9 l. 12 s. pesant 1 gros & demy 16 grains, 64
La demie, à 4 l. 16 s. pesant demy gros 26 grains, 64
Le quatruple, à 19 l. 14 s. pesant 3 gros 32 grains, 64
Piſtole de Dombes, à 9 l. 12 s. pesant 1 gros &

demy 16 grains, 64
Piſtole d'Orange, à 9 l. 12 s. pesant 1 gros & demy 16 grains, 64
Piſtole de Beſançon, à 9 l. 12 s. pesant 1 gros & demy 16 grains, 64
Piſtole de Lorraine, à 7 l. 6 s. pesant vn gros & demy 16 grains, 70
La demie, à 3 l. 13 s. pesant demy gros 26 grains, 70
Piſtole de ſainte Dorote, à 6 l. 5 s. pesant 1 gros & demy 16 grains, 71
Piſtole de Liege, à 6 l. 5 s. pesant 1 gros & demy 16 grains, 71
Piſtole de Spinola, à 6 l. 5 s. pesant vn gros & demy 16 grains, 71
Portugaiſe, à 14 l. 16 s. pesant trois gros 12 grains, 50
La demie, à 7 l. 8 s. pesant vn gros & demy 6 grains, 51
Le quart à 3 l. 14 s. pesant demy gros 21 grain, 51

Q

QVart d'escu, à 21 s. pesant 2 gros & demy, 42
Le demy, à 10 s 6 d. pesant vn gros dixhuit grains, 43

R

REal d'or de Flandre à 7 l. 10 s. pesant vn gros vingt-quatre grains, 57
Real de Flandre, à 5 s. pesant demy gros 22 grains, 102
Realle d'Espagne de diuerses fabrications, à 58 s. pesant 7 gros 8 grains, 78
La demie, à 29 s. pesant 3 gros & demy quatre grains. 79
Le quart, à 14 s. & 6 d. pesant vn gros & demy 20 grains, 79
Le huitiéme, à 7 s. 3 d. pesant demy gros 28 grains, 80
Le seiziéme, à 3 s. 8 d. pesant 32 grains 81
Ridre de Frize & Gueldres, à 3 l. 15 s. pesant demy gros 27 grains,

Royaux d'or de France, à 5 l. 12 s. pesant demy gros 32 grains, 35

S

SAint Estienne de Portugal dit Millerés, à 9 l. 10 s. pesant 2 gros, 49
Le demy, à 4 l. 15 s. pesant vn gros, 50
Le quart, à 47 s. 6 d. pesant demy gros, 50
Souuerain de Flandre, à 13 l. pesant 2 gros 12 grains, 58
Le demy, à 6 l. 10 s. pesant vn gros 6 grains, 59
Le quart, à 3 l. 5 s. pesant demy gros trois grains, 60

T

TEstons de France, à 20 s. 6 d. pesant deux gros 34 grains, 43
Le demy, à 10 s. 3 d. pesant vn gros dix-sept grains, 45
Teston de Nauarre, à 20 s. 6 d. pesant 2 gros 34 grains, 45

Teſton de Dombes, à 20
ſ. 6 d. peſant 2 gros 34
grains,   46
Teſton de Lorraine vieil,
à 15 ſ. peſant 2 gros 32
grains,   97
Teſton d'Henry, Charles
de Lorraine, & de
Mets, à 14 ſ. peſant 2
gros 24 grains,   98
Teſton du Cardinal de
Lorraine, à 13 ſ. 6 d.
peſant 2 gros 15 grains,
99
Teſton d'Orange, à 15 ſ.
peſant 2 gros trente
quatre grains,   97
Teſton de Dole, à 12 ſ.
peſant 2 gros 12 grains,
100
Teſton de Beſançon, à
12 ſ. peſant 2 gros, 100

F I N.

Extraict du Priuilege du Roy.

PAr Grace & Priuilege du Roy, il eſt
permis à SEBASTIEN CRAMOISY,
Imprimeur ordinaire du Roy en ſa Cour des
Monoyes, d'imprimer tous les Edits, Ordonnances, Reglemens, Arreſts & toutes
autres choſes concernans le fait des Monoyes ; faiſant defenſes à toutes perſones
de quelque eſtat, qualité & condition qu'elles ſoient , d'imprimer ou faire imprimer
aucunes choſes concernans le fait des Monoyes, à peine de confiſcation de tout ce qui
ſe trouuera auoir eſté imprimé, de tous dépens, dommages & intereſts, & d'amende
arbitraire, comme il eſt porté par ledit Priuilege. Donné à Lyon le vingt-cinquiéme
iour de Iuillet, mil ſix cens vingt-neuf. Signé, Par le Roy en ſon Conſeil, POITEVIN.
& ſcellé du grand ſeel ſur ſimple queuë en
cire iaune.

EXTRAICT DES REGISTRES
de la Cour des Monnoyes.

ENTRE Sebastien Cramoisy, Marchand Libraire Imprimeur Iuré en l'Vniuersité de Paris, & Imprimeur ordinaire du Roy, des Edits, Ordonnances, Arrests & Reglemens & toutes autres choses concernans le fait des Monnoyes, demandeur aux fins de l'exploict du vingt-deuxiéme de ce mois, & en requeste verbale iudiciairement faite à la Cour, le vingt troisiéme dudit mois, tendant à ce que le defendeur cy-apres nommé, soit condamné par saisie de ses biens, & emprisonnement de sa personne, de rapporter les formes & planches, sur lesquelles il a imprimé vn Edict intitulé, la Reformation de la Cour des Monnoyes: ensemble les copies imprimées sur icelles, & voir dire qu'elles seront rompuës & difformées, & que defenses luy seront faites & à tous autres Imprimeurs, de plus imprimer aucune chose concernant le fait desdites Monnoyes, troubler ny empescher le demandeur en la fonction & exercice de son dit Estat & Office, à peine de mil liures d'amende, & de tous dépens, dommages & interests; & pour le trouble par luy apporté il soit condamné aux dépens de la presente instance d'vne part: Et Guillaume Citerne Imprimeur en ladite Vniuersité de Paris, defendeur d'autre. Apres que Labeille pour ledit Cramoisy, & Fourel pour ledit Citerne, ont esté oüys, ensemble de la Cour pour le Procureur general du Roy: LA COVR a maintenu & maintient ledit Cramoisy en la possession d'imprimer les Edicts, Declarations, Arrests, Ordonnances, & Reglemens sur le fait des Monnoyes, a faict & fait inhibitions & defenses audit Citerne & à tous Imprimeurs, d'en imprimer ou faire imprimer, vendre & debiter aucuns, à peine de cinq cens liures d'amende, ou plus grande peine s'il y échet. Fait pareillement defenses à tous Colleporteurs, de crier & vendre desdits Edicts, Declarations, Arrests, Ordonnances & Reglemens sur le fait des Monnoyes, s'ils n'ont esté imprimez par ledit Cramoisy, sur les mesmes peines. Enjoignant ladite Cour audit Citerne, de rapporter dans trois

iours au Greffe de ladite Cour, la planche & les exempla-
res qui luy restent à distribuer de l'Edict dernier, su[r]
confirmation de la Souueraineté de la Cour, sans dép[ens]
Fait en la Cour des Monnoyes le vingt-quatriéme I[an]-
uier 1636.

Signé,   Delaistre.

EXTRAICT DES REGISTR[ES]
de la Cour des Monnoyes.

Entre Sebastien Cramoisy, Marchand Libraire Iur[é en]
l'Vniuersité de Paris, & seul Imprimeur du Roy pou[r le]
fait des Monnoyes, demandeur aux fins de l'exploi[ct du]
vingt-huictiesme Iuillet mil six cens trente-six, tenda[nt à]
ce que les exemplaires de la Declaration de sa Maiest[é &]
nouueau Reglement sur le fait des Monnoyes, ensem[ble]
les figures & portraits desdites Monnoyes emprai[nctes]
sur les Declarations saisies sur le defendeur cy apres nom[mé]
soient confisquez au profit du demandeur, & pour la con[tra]-
uention faite par ledit defendeur ausdits Edicts, Lettre[s pa]-
tentes du Roy, & Arrest de ladite Cour, ledit defendeur[soit]
condamné en trois mil liures d'amende applicable au p[rofit]
dudit demandeur, en tous ses despens, dõmages & inter[ests]
mesme en ceux reseruez par l'Arrest du Conseil Priu[é du]
Roy du 26. Octobre dernier, d'vne part. Et Anthoine Ge[r]-
uillet Imprimeur du Roy, demeurant à Troyes, defen[deur]
d'autre; Et encore le Procureur general du Roy en la[dite]
Cour, interuenant d'autre part. Apres que Lambin Adu[ocat]
pour le demandeur, & Martin pour le defendeur, ensem[ble]
du Duit pour le Procureur general ont esté ouys: La C[our]
a declaré & declare la saisie faite sur le defendeur à la re[que]-
ste du demandeur, des feüilles, exemplaires, figures, [pour]-
traicts, & bois, bonne & valable; ordonne qu'elles dem[eu]-
reront confisquées au profit du demandeur, & à la repr[esen]-
tation d'iceux seront les gardiens côtraints par toutes v[oyes]
deuës & raisonnables, mesme par emprisonnement de l[eurs]
personnes, comme depositaires de biens de Iustice, c[omme]

...nt demeureront déchargez ; a fait & fait inhibitions &
...enses audit defendeur contreuenir ny entreprendre sur le
...ié dudit Cramoify, ny imprimer à l'aduenir aucune cho-
...concernant le fait des Monnoyes, ny mefme contrefaire
...imprimez par le demandeur, fur les peines portées par
...Ordonnance, & condamne le defendeur aux dommages &
...terefts enuers le demandeur, & en tous les defpens, mef-
...mes ceux referuez par l'Arreft du Confeil. FAICT en la Cour
...des Monnoyes, le quatriefme May mil fix cens trente-
...huict. Signé, DELAISTRE.

AVtre Arreft de ladite Cour des Monnoyes, en datte du
quinziéme May mil fix cens trente fept, entre ledit
Cramoify & Iacques Mauclerc, Imprimeur d'Angoulefme, portant confifcation des figures fur luy faifies au profit dudit Cramoify, auec defenfe d'entreprendre à l'aduenir
de faire de tels exemplaires & impreffions, ny mefme fup-
pofer le nom, à peine d'amende, & condemnation de trois
cens liures, pour les dommages & interefts dudit Cramoify, & aux dépens. Signé, DELAISTRE.

AVtres Arrefts de ladite Cour des Monnoyes, en datte
du vingt-fixiéme Ianuier mil fix cens quarante-vn, entre ledit Cramoify & André Arnaud Libraire à Saumur, &
Claude Rezé, Imprimeurs à Angoulefme ; & encore entre
les Cramoify, & Antoine Barbou Libraire à Limoge, en datte du vingt-fixiéme Auril mil fix cens quarante-vn, portans
defenfes audit Arnaud, Rezé & Barbou, & tous autres Li-
braires & Imprimeurs, d'entreprendre aucune chofe fur le
fait des Monnoyes, aux condemnations portées par lefdits
Arrefts. Signé, DELAISTRE.

www.ingramcontent.com/pod-product-compliance
Ingram Content Group UK Ltd.
Pitfield, Milton Keynes, MK11 3LW, UK
UKHW021623170726
13836UKWH00005B/2005